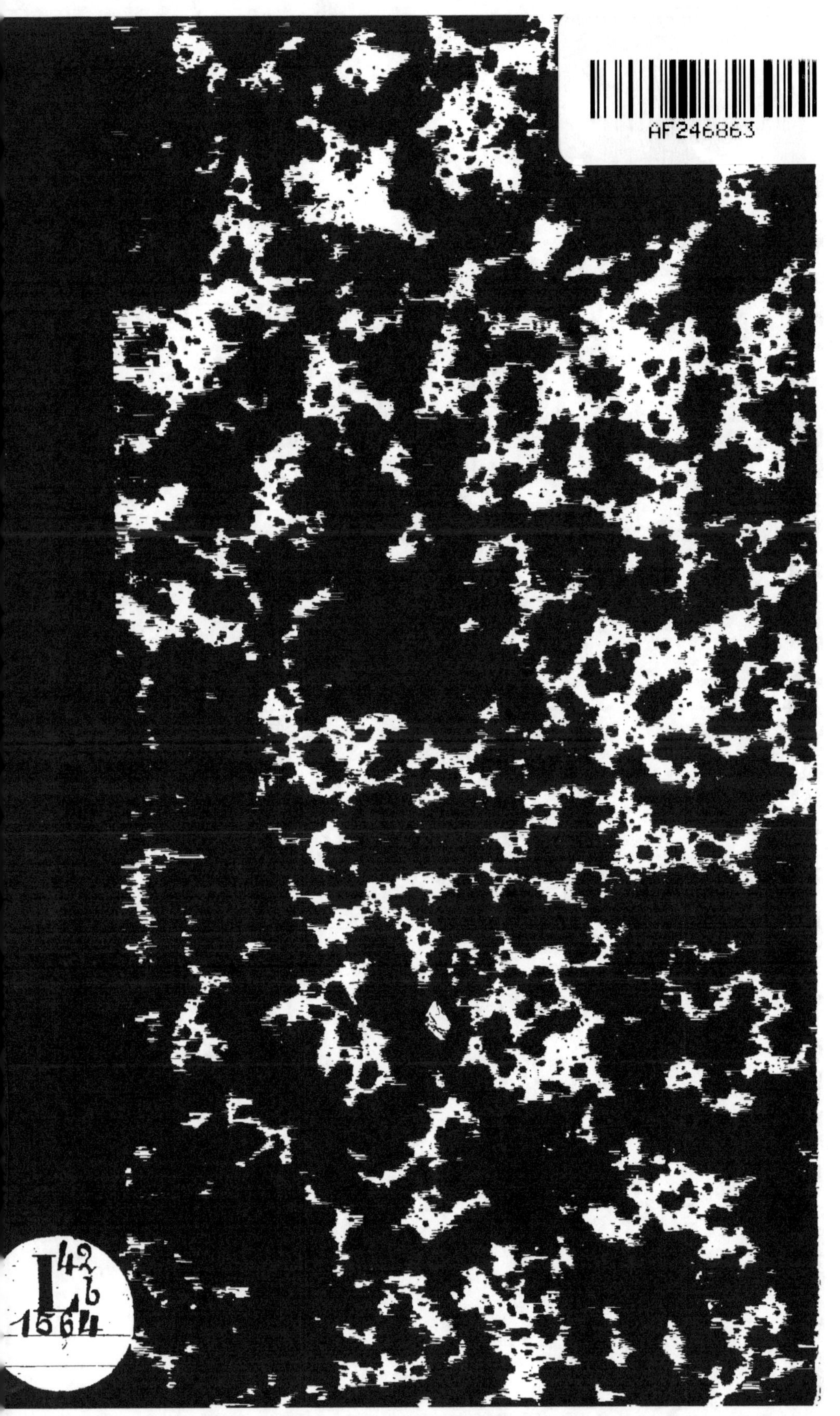

RÉFLEXIONS

SUR LA JOURNÉE

DU DIX-HUIT FRUCTIDOR,

En réponse à un nouveau Libelle de RICHER-SÉRISY.

PAR J. J. LEULIÈTE.

A PARIS,

Au Bureau du Journal des Campagnes et des Armées, Rue de Varennes n°. 650, F. G.

L'AN SIX DE LA REPUBLIQUE FRANCAISE.

RÉFLEXIONS

SUR LA JOURNÉE

DU DIX-HUIT FRUCTIDOR,

En réponse à un nouveau Libelle de Richer-Sérisy.

Par J. J. Leuliète.

Un écrit vient de nous tomber entre les mains, signé par un de ces hommes à qui l'esprit de parti et le malheur des temps ont donné une sorte de célébrité. Combien, depuis huit années, n'avons-nous pas vu naître et périr de réputations! Ces couronnes que les diverses factions distribuent à leurs coryphées et à leurs défenseurs, ressemblent parfaitement à celles que les anciens présentoient à leurs convives dans l'ivresse des festins : on s'empressoit de s'en dépouiller dès que les fumées de Bacchus étoient dissipées. Les lauriers qu'une ridicule idolâtrie prodigue à une foule de pygmées, ne tardent point à se flétrir sur leur front, quand leurs adorateurs et leurs partisans commencent à faire succéder au prestige qui les a séduit, les lumières du bon sens et le calme de la raison : on ne voit plus qu'un frénétique dans le malheureux écrivain dont on admiroit l'élévation et le noble enthousiasme, qu'un déclamateur dans celui qu'on ne balançoit point de placer, pour l'éloquence, à côé des Démosthène et des Cicéron ; et pour la profondeur des pensées, à côté du peintre des Néron, des Tibère, des Domitien.

Ce n'est point sous le rapport du mérite littéraire que nous envisageons ici le nouveau pamphlet de Richer-Sérizy. Les ouvrages où l'on ne trouve qu'un faux brillant, une sensibilité factice, une grande pompe de style, et un vuide extrême d'idées, sont trop communs aujourd'hui, pour qu'une production de ce genre mérite une attention particulière. Nous ne nous arrêtons à celui-ci que parce que nous y remarquons des imputations fausses et calomnieuses, une intention bien évidente de réveiller contre nous la haine des puissances étrangères, et de semer l'inquiétude dans l'esprit de nos alliés, une adresse perfide à supposer au gouvernement français les vues les plus ambitieuses et les plus contraires au repos de l'Europe ; enfin, une apologie insidieuse des hommes qui ont poussé la France aux bords du précipice.

Comme français, comme républicains, nous ne pouvons voir, sans un sentiment d'indignation, les efforts constans des ennemis de notre pays. Comme amis de l'humanité, nous gémissons sur les maux affreux que préparent à leurs crédules et aveugles partisans, les ambitieux qui nourrissent leurs espérances par de folles prédictions, qui ferment leurs cœurs à ces idées de réconciliation et de bienveillance auxquels l'ame des sincères patriotes s'est ouverte tant de fois. Que de malheureuses victimes accuseront un jour ces pamphlétaires furieux qui, abjurant le beau titre de français, n'ont cessé de souffler parmi nous la discorde et la guerre civile, qui dénaturent tous les sentimens généreux ; qui, exempts de tout fanatisme, réveillent le fanatisme le plus barbare ! Sans leurs écrits empoisonnés, sans leurs prophéties trompeuses, bien plus funestes à leur parti qu'ils abusent, qu'à la république qu' ls troublent, la France seroit depuis long-temps libre, tranquille. Des milliers d'hommes, instrumens aveugles de vengeances atroces, des milliers d'hommes, que le remords déchire, goûteroient encore les charmes de l'innocence.

« Irai-je, dit l'auteur de l'écrit qui fait
» la base de notre examen, sous le beau
» ciel de l'Espagne ou de Naples ? mais
» bientôt, fuyant au fracas de deux trônes
» brisés, je verrois les têtes découronnées
» de Charles et de Ferdinand, rouler san-
» glantes près de celle de Louis, et, dans
» le même jour, disparoître cette maison
» de Bourbons que jalousoit l'imprudente
» Europe. »

Tel est le langage de cet oracle impos-teur. Sur quels indices peut-il fonder d'aussi odieux soupçons? Son imagination aime-t-elle à se repaître de ces sanglans tableaux? C'est à l'instant où le directoire exécutif de France offre à ses alliés des gages certains de la sincérité de ses vues, que ce perfide français cherche à leur per-suader qu'il ne peut exister de salut pour elles que dans une nouvelle coalition. Si la république française l'avoit voulu, si elle avoit été plus jalouse d'étendre ses conquêtes, que de satisfaire aux lois de l'équité, quelles puissances pouvoient arrêter ses armes victorieuses : étoit-ce des calomnia-teurs salariés ? Etoit-ce les petits sarcasmes d'une aristocratie aussi foible qu'insolente, qui cherchoit à ridiculiser tout ce qui se faisoit de grand, et qui n'avoit pour vaincre les vainqueurs de l'Europe, que des épigrames, des injures, les préjugé du onzième siècle, et les vices et la corrup-tion du dix-huitième. Rien ne pouvoit ar-rêter nos guerriers, si le gouvernement l'avoit voulu ; mais c'est au milieu de nos plus brillans succès qu'il cherche à prouver à l'Univers qu'il sait ménager ses ennemis; qu'il connoît, même envers les plus opiniâtres, les lois de la modération, et que ce n'est point la soif des conquêtes, mais la noble ambition de faire triompher l'indépendance de son pays, qui l'anime.

Buonaparte s'arrête aux portes de Rome, il résiste au vœu d'une armée qui depuis long-temps se flattoit de l'espérance d'af-franchir l'habitant des sept collines, et qui eût regardé ce jour comme un des plus beaux de cette guerre, si féconde en mer-veilles.

La théocratie domineroit encore dans

la patrie des Catons et des Brutus , l'or-
gueil du palais Saint - Ange continueroit
d'éclipser l'antique Capitole , le trône des
Sixte-Quint, des Alexandre Borgia , eût ,
peut-être, encore long-temps offert un siège
à de dignes émules de ces fameux pon-
tifes , si le sacerdoce , aussi insensé dans
ses vues , qu'atroce dans ses fureurs, n'eût
provoqué sa ruine , par la violation la
plus outrageante des lois saintes de l'hospi-
talité ; si le sang de nos défenseurs n'avoit
coulé sous le poignard de lâches assassins.

Accusera-t-on la nation française d'avoir
sacrifié ses alliés ? Depuis quatre années
a-t-elle donné à l'Espagne , à la Prusse, à
la Toscane , quelques sujets de plaintes ,
même quelque cause légitime de soupçons ?
Sous quels auspices offre-t-elle la paix à
l'empereur ? Un héros constamment heureux , un héros qui avoit plus remporté de
victoires en une année , qu'Alexandre et
César dans toute leur carrière , suspend
la foudre , présente l'olivier. Et dans quel
temps ? lorsque l'allarme est dans la capitale
de l'Allemagne ; lorsque les habitans de
Vienne ont vu moissonner en un jour leur
plus belle jeunesse, lorsque les temples re-
tentissent d'hymnes funèbres , et de tristes

lamentations; lorsque les pères, les épouses, les mères, les amantes, renouvellent cette scène douloureuse que l'un de ces sublimes enthousiastes, que les hébreux nommoient prophète (Jérémie), nous peint avec de si pathéthiques couleurs, lorsqu'il dit : « On » entend dans Rama un grand bruit ; » l'air est rempli de cris et de plaintes ; » Rachel pleure ses enfans, que l'épée » meurtrière vient de lui ravir, Rachel » pleure et ne veut point être consolée, » parce que ses enfans ne sont plus. » On offre à François vaincu , par amour de la paix, des conditions qu'un ennemi heureux pouvoit à peine espérer. Les lenteurs ne fatiguent pas notre patience ; on condamne à l'inaction , des guerriers qui ne connoissent d'autre supplice que de ne pas combattre ; on s'expose à laisser refroidir leur ardeur, mais on ne croit pas acheter trop cher le bonheur de pouvoir remettre l'épée dans le fourreau.

Si la chûte des trônes étoit une jouissance si délicieuse pour ce gouvernement, que Richer se plaît à peindre sous de si odieuses couleurs , manqueroit - il de prétextes , d'occasions, de motifs même légitimes ? Sans la bonne foi, sans un respect religieux pour les traités, qui l'empêcheroit d'entendre les plaintes, les cris de mort de ces patriotes, qu'un prince foible et soupçonneux, voisin de républiques qu'il redoute, immole chaque jour à sa sûreté ? A-t-il attisé, dans le royaume de Naples, le feu de la sédition, avec tant de violence ?

Cependant, s'il comptoit pour rien le sang des hommes, si son ambition avide l'empêchoit de songer que les plus brillans trophées ne s'élèvent que sur de vastes sépulchres, enverroit-il un ambassadeur porter des paroles de paix au prince d'Italie, qui ait de plus vastes états à conquérir, et qui soit peut-être le plus facile à vaincre ? La Sicile, cette terre si privilégiée par la nature, cette terre si célèbre par la liberté et les richesses de ses anciens habitans, si illustre par ses Cités fameuses, dont le seul nom nous rappelle les plus magnifiques idées, ne seroit-elle pas bien propre à enflammer l'enthousiasme d'un vainqueur ?

Princes, rois, reposez tranquilles; tant que vous saurez résister au desir d'augmenter la liste de nos ennemis, vos états seront respectés. Nous n'inviterons pas vos peuples à l'insurrection. Qu'ils entendent, comme nous, s'ils veulent être libres, cette voix que la nature fait retentir dans le cœur de l'homme qu'on opprime. La nation qui veut s'affranchir n'a pas besoin d'auxiliaires ; il n'en faut qu'au despote qui veut dominer sur ses semblables.

Plus loin, Richer-Sérizy se compare modestement à Aristide et à Phocion. Nous sommes dans le temps des parallèles ; mais ce qui me surprend, c'est de voir des hommes, qui s'honorent de leur haîne contre le gouvernement républicain, chercher dans des républiques, des objets de comparaisons ; on peut dire que c'est un hommage rendu à la liberté, par les ennemis de la liberté même. En s'appuyant d'exemples, tirés des annales des états libres, ils avouent que c'est là, et que ce n'est que là seul, que se trouvent les vertus et les grandes qualités ; ils ressemblent à ces poëtes des contrées ingrates du Nord, qui aiment beaucoup leur pays, et qui sont cependant forcés de peindre une nature plus féconde, plus riante, plus animée que celle de leurs climats, et de chercher sous un ciel plus fortuné, la plupart de leurs images, de leurs figures, de leurs fictions.

Richer Sérizy , prêt à s'exiler lui-même , croit devoir laisser à son ingrate patrie un monument de son éloquence et de sa sensibilité ; c'est le tableau de la situation des compagnons d'infortune , à la triste société desquels il vient de se dérober. On croiroit ici que l'accusateur public s'est emparé de l'horrible pinceau avec lequel le Dante a tracé le supplice d'Ugolin dans son enfer. Si la plus petite partie des détails étoit vraie, il faudroit gémir sur la dureté et la méchanceté des hommes , et sur la triste destinée de ceux qui gouvernent, dont la volonté est presque toujours méconnue , et les intentions trahies par les agens qu'ils sont forcés d'employer.

Un ennemi vaincu cesse d'être un ennemi. Un mauvais citoyen , que la loi condamne à fuir une patrie dont il a voulu troubler le bonheur, n'est plus mon compatriote , il en a perdu et le nom et les droits ; mais il conserve ceux d'homme ; c'est un caractère indélébile qui survit à tout , qui réclame l'indulgence pour le coupable, qui donne à celui qui souffre des droits à notre pitié, à nos larmes , à notre bienfaisance , quelle que soit la cause de son infortune : fût-il dans les fers , dans l'exil , dans les cachots, c'est un crime d'être envers lui plus sévère que la loi.

D'après ce que j'ai vu, ce que j'ai entendu ; d'après une opinion, où l'esprit de parti, ni la prévention n'ont eu aucune part, les hommes que le 18 fructidor a frappés me paroissent bien criminels; ils ont fait rétrograder l'esprit public ; ils ont réveillé des préjugés presque anéantis ; ils ont encouragé les excès et les vengeances des ennemis de l'intérieur; ils ont ranimé l'espoir des ennemis étrangers. Leurs motions insidieuses, leurs homélies catholiques, leurs projets de lois anti-républicaines, ont coûté à la France des milliers de victimes; mais quels que soient leurs attentats, ils sont dans l'impuissance de lui nuire ; la patrie doit leur être fermée, mais la volonté du législateur, celle du gouvernement, mais celle de tout français est que leur bannissement soit aussi doux qu'il peut l'être. Tout agent de pouvoir qui employeroit envers eux une rigueur inutile ; qui ne leur procureroit pas tous lés moyens d'améliorer leur situation, ne seroit pas un républicain, il seroit un monstre. Qu'on me permette de chercher une comparaison dans un livre, auquel on ne me soupçonnera pas de donner une croyance aveugle , mais dont je tire, comme de l'histoire et de la fable , tous les exemples que je crois pouvoir contribuer à rendre les hommes bons, sensibles, indulgens. Quand Dieu , d'après la Genèse , eut chassé du paradis terrestre la malheureuse famille qui étoit devenue indigne de l'habiter, il lui laissa les moyens d'embellir son exil, de le féconder, de s'en faire un séjour agréable.

La république doit être notre Éden ; elle le sera , si l'ambition, la méchanceté, les vices n'en éloignent pas la vraie félicité ; elle le sera , si le cri des factions cède enfin à la voix de la patrie ; si l'humanité , la bienveillance, les sentimens généreux, étouffés au milieu des discordes civiles, reprennent leur bienfaisant empire ; si nous transmettons à nos enfans avec notre courage, dont ils doivent hériter, des vertus et des mœurs que nous n'avons pas , mais dont nous connoissons la nécessité. Alors, ceux qui ont conspiré contre notre bonheur, seront assez punis d'être séparés éternellement de leur patrie. Ne craignons pas de rendre leur bannissement aussi supportable qu'il peut l'être. C'est aux républicains à parler le langage de l'humanité, parce qu'ils veulent la liberté que l'humanité seule fait triompher ; mais le royaliste qui réclame l'humanité est un hypocrite ou un mauvais logicien, puisqu'il demande deux choses inconciliables, la bonté et la tyrannie.

Si la dernière assemblée législative avoit été composée de républicains, la patrie étoit sauvée ; nous n'avions plus d'orages à craindre ; les hommes que des circonstances extraordinaires avoient entraînés au-delà des mesures que la justice et l'humanité autorisoient, honteux des excès où le malheur des temps les avoient précipités, pleuroient sur leurs fautes, le repentir, la honte les eussent rendus, les eussent attachés à la vertu ; ils eussent été, après une triste expérience, bien moins capables de crimes, d'excès, que ceux qui n'en avoient jamais commis. Je ne fais point participer à cette heureuse conversion ce petit nombre d'êtres étrangers à tous les sentimens de la nature, qui semblent vérifier le systême qu'un ancien poëte établit dans sa cosmogonie, où il prétend que l'homme est formé d'un limon impur détrempé avec le venin de l'aspic et le sang du léopard.

Nous voulions la paix, la concorde ; tous

nos vœux ; tous nos efforts tendoient à l'obtenir. La force faisoit grace à la foiblesse , les vainqueurs élevoient l'autel de la miséricorde, appeloient les vaincus. Ceux d'entre nous assez heureux pour croire à une providence, et c'étoit le plus grand nombre, levoient chaque matin leurs mains vers le ciel, et le prioient de mettre un terme à nos malheureuses discordes. On se rappelloit avec amertume les scènes affreuses qui avoient flétri l'aurore de la république ; les vrais républicains étoient embrâsés du desir de les faire oublier. Son premier âge avoit été différent du premier âge du monde : le siècle de fer avoit précédé le siècle d'or. Les patriotes sincères, les hommes qui savoient combien ce titre exige de vertus , empressés de se laver du reproche d'avoir participé à aucune tyrannie , ou d'en avoir été les partisans , eussent prouvé , par une conduite opposée à celle de nos oppresseurs, combien ils en étoient les ennemis. A ces heureux présages , à cette aurore embellie par les plus douces espérances , quels tristes jours n'avons-nous pas vu succéder! Aveugles partisans des rois , quel délire pouvoit vous posséder ! Vous affectez de

pleurer sur des victimes, et vous voulez
en immoler un bien plus grand nombre
encore ; et vous parlez cependant de religion, d'humanité : de religion, parce que
vous avez besoin d'un culte qui dégrade
l'intelligence du peuple ; c'est le papisme
que vous invoquez, parce qu'il crée des
esclaves soumis ; et non cette religion
simple, épurée, sublime, qui élève l'homme
jusqu'à son auteur, qui lui révèle la dignité de son être, qui le garantit également et de la honte d'être esclave, et du
crime d'être oppresseur. Votre humanité,
elle nous est assez connue ; et les trophées
sanglans qui ont signalé vos courts instans
de victoire, étoient un prélude bien terrible du sort qui nous étoit réservé, quand
un nouveau Jefferies (1) seroit venu satisfaire vos vengeances, en satisfaisant celles
de son roi.

C'est par des déclamations et non par
des raisonnemens que Richer veut démontrer l'innocence des hommes que la journée du 18 fructidor a frappés. Un empereur, je crois que c'étoit Adrien, disoit

______

(1) Juge royal, exécuteur des vengeances de
Charles II, après le rétablisssement du trône en
Angleterre.

qu'on ne croyoit à la vérité des conju-
rations que lorsque le gouvernement étoit
abattu. Les rois et les premiers magistrats
dans les républiques, ne sont guères dis-
posés à en fournir une preuve aussi évidente : mais j'ose dire qu'on ne vit jamais
de conspiration plus certaine, d'un caractère plus marqué, que celle qui avoit son
centre dans le dernier corps législatif. Elle
étoit préparée depuis long-temps ; la pru-
dence, l'adresse, la ruse en avoient conçu
le plan, en avoient disposé les moyens : mais
l'emportement, la précipitation, la petite
vanité trahirent le secret. La foudre fut
précédée d'éclairs, et ceux qu'elle mena-
çoit, eurent le temps de s'en garantir.
Depuis deux années on préparoit la contre-
révolution par une réaction morale ; on
travailloit, dès l'origine, d'une manière
sourde et clandestine. Quand le parti eut
obtenu quelques succès, il montra plus
d'audace. On cherchoit d'abord à tuer la
république, en affectant de la respecter ;
on partageoit la révolution en diverses
époques, et les hommes en diverses classes.
Plusieurs étoient proscrits ; quelques-uns
tolérés, d'autres que le glaive avoit frappés, étoient l'objet d'une hypocrite pitié

ou d'une feinte vénération : le royaliste les détestois tous également dans le fond du cœur ; mais dans le discours et dans les écrits , il se gardoit bien de les confondre. En exhalant toute son horreur contre les révolutionnaires , il affectoit encore de respecter les philosophes ; en brisant l'hideuse effigie de Marat , on faignoit de souscrire à l'apothéose de Rousseau ; on n'assimiloit point, comme on l'a fait depuis , Condorcet et Collot , Vergniaud et Carrier. La haîne raisonnoit encore , la haîne étoit encore prudente ; on fesoit la guerre aux excès , on sembloit respecter les principes. Cette dissimulation étoit pénible , elle étoit nécessaire. Habilement prolongée , elle eût trompé les républicains, et fait triompher peut-être l'odieuse cause des adorateurs du trône. Bientôt nos ennemis aveuglés par quelques succès , crurent tout ménagement inutile ; ils ne firent pas plus de grace au 14 juillet, au 10 août, qu'au 2 et 3 septembre. Les livres et les lumières avoient produit la révolution ; on voulut que des livres amenassent la contre-révolution. On vit naître cette honteuse vénalité , cette infâme prostitution de talens , dont aucun âge et

2

aucun pays n'avoient offert l'exemple. Depuis un demi siècle, une confédération d'écrivains généreux, hardis, souvent enthousiastes, luttoient, au milieu des persécutions, contre le sacerdoce et la tyrannie. A cette respectable association, on vit succéder une secte d'hommes sans pudeur, sans foi, sans morale, abjurant tout principe, comptant pour rien le crime et les remords, le suffrage de leurs contemporains et la voix de la postérité ; proportionnant l'amertume de leur style, le degré de leur emportement, l'audace de leurs calomnies à la quantité d'or qui salarioit leur indigne travail. On les vit s'attacher à flétrir leur nation, à réveiller les vengeances, à soulever les passions basses, à ridiculiser l'enthousiasme et les vertus républicaines ; au sein d'un état libre, préconiser l'esclavage, encencer les rois, attaquer par de petits sophismes et de ridicules sarcasmes les plus augustes vérités et les plus sublimes productions du génie. Passant successivement de la révolution qu'ils s'étoient engagés pour rendre odieuse, aux hommes qu'on leur avoit commandé de perdre, on les vit poursuivre la vertu comme le vice ; condamner l'exaltation comme la perversité ; porter, par leurs satyres envenimées, le désespoir dans les ames foibles, la division et le deuil dans les familles ; forcer celui que le fanatisme, le défaut de lumières, l'empire des circonstances avoient égaré, à se jetter dans le crime, par la doulenr de voir que l'innocence des intentions ne pouvoit servir d'excuse aux fautes et aux erreurs.

Les apostats de la philosophie, ces transfuges des étendards de la liberté, ces dégradateurs de la littérature, formoient, avant le 18 fructidor, une sorte de sacerdoce, occupés, comme l'ancien, à étouffer les lumières en feignant de les répandre, à pervertir la morale en prétendant l'enseigner. Autrefois celui qui débutoit dans la carrière des lettres, croyoit ne pouvoir plaire qu'en chantant la vertu, qu'en peignant les charmes de la bienfaisance, qu'en relevant l'éclat des belles actions. Un roman, un poëme, une pièce de théâtre ne recueilloient d'applaudissemens que lorsqu'on y trouvoit un véritable but moral. C'étoit une condition qu'on ne pouvoit manquer de remplir impunément. Cet emploi de talens de l'esprit en relevoit l'éclat, et faisoit même pardonner à la médiocrité. On ne lisoit pas sans devenir meilleur. Avant fructidor, n ne pouvoit presque rien lire sans devenir plus méchant, plus haîneux, plus inhumain. Nos écrivains sembloient avoir brisé la lyre d'Apollon, pour ne faire retentir que le tocsin des Euménides. Autrefois, il ne s'emparoient que de ce qu'il y avoit de beau dans l'Univers, de grand, de généreux, de sublime dans l'homme ; à l'époque que nous retraçons, ils abandonnoient les vertus, et ne soulevoient que les vices et les passions basses. Jadis on pouvoit les comparer à Esculape, qui cherchoit dans la nature tout ce qui pouvoit adoucir les maux et les infirmités humaines Il y a peu de temps, ils ressembloient à Médée et aux magiciennes de la Thrace, rejettant les plantes salutaires, et ne s'occupant qu'à composer des poisons On sent assez que ce tableau n'est point général, que beaucoup d'écrivains ont senti la dignité de leur profession, et ne se sont point rangés parmi les renégats de la philosophie et de la liberté. Il faudroit renoncer à cultiver les lettres, si la plupart de ceux qui se livroient aux études les plus propres à élever l'ame, à la pénétrer de sa dignité, pouvoient donner l'exemple d'une aussi honteuse apostasie.

Autrefois l'hentousiasme de la gloire, l'amour de l'humanité jettoient un jeune athelète dans le plus pénible des apostolats. Il disoit avec cet enthousiasme qu'un noble zèle inspire : je chanterai la vertu, je charmerai l'innocence, j'adoucirai les chagrins de l'infortuné, je ferai passer des consolations dans le cœur de celui que le monde abandonne ; j'arrêterai le foible sur le penchant du vice, en lui peignant les désordres et les maux dont le vice est accompagné : peut-être, comme Gesner, comme Richardson, comme Rousseau, aurai-je l'avantage de faire couler des larmes délicieuses. Je pourrai élever au ciel des mains pures et innocentes ; je serai aimé de tous les gens de bien, je n'aurai que les méchans pour ennemis ; et en terminant une carrière toute consacrée au bonheur et à l'instruction de mes semblables, je serai sans inquiétude sur le sort que l'éternelle justice m'aura préparé.

Est-ce la pensée, le langage de ce malheureux qui saisit la plume, comme l'assassin saisit le stylet. Il se dévoue à l'infamie avec réflexion. Il a, de sang-froid, de la haîne, de la colère, de l'indignation. Il a le désolant athéisme dans le cœur, et l'accent de la piété dans la bouche. N'attendez cependant de lui rien de grand, rien d'élevé, rien de touchant. Eût-il tous les talens, ces talens seront sans force, puisqu'une noble passion ne les dirigera pas. On condamne avec justice l'écrivain qui prostitue son imagination à peindre des scènes de débauche et des rafinemens honteux de lubricité, qui ne présente le plus beau et le plus tendre des sentimens que dégradé par une brutalité dégoûtante, et enlaidi par le masque hideux de la débauche. Méprisera-t-on moins celui qui cherche à étouffer le germe des idées libérales, des sentimens patriotiques, pour y substituer les préjugés les plus avilissans. J'espère qu'on ne trouvera point ce tableau déplacé. Sans cette secte d'écrivains que j'ai peint avec des couleurs si foibles, mais si vraies, l'opinion publique n'eût point été corrompue, et le 18 fructidor n'eût point été indispensable.

Quel eût donc été le but, le motif de cette conjuration d'écrivains contre les principes de liberté, de cet acharnement contre les patriotes, de ce rappel aux anciennes institutions, si l'on ne vouloit point rétablir la royauté. Si la journée du

10 août avoit frappé les républicains , au lieu de les faire triompher , et que peu de temps après un pamphlétaire bénévole fût venu démontrer , par de très - beaux raisonnemens , que Brissot, que Guadet , que Vergniaud, que Danton ne vouloient point la chûte du trône , qu'ils étoient au contraire les très-fidèles sujets de Louis XVI , se seroit-il trouvé un homme assez étranger aux débats du corps législatif , assez peu instruit de la conduite de ces énergiques patriotes , pour ne se point mocquer de l'officieux avocat , pour ne lui point opposer leurs sorties continuelles contre la cour , leur irrévérence marquée pour la monarchie , leurs efforts sans cesse renouvellés pour ôter au prince non-seulement la réalité du pouvoir , mais encore ces attributs , ces titres , ces témoignages de respect qui en imposent au vulgaire , qui l'aveuglent, qui l'empêchent de réfléchir sur l'inutilité de celui qui en est revêtu. Malgré le talent du défenseur , l'acte de condamnation des républicains n'eût point été difficile à dresser ; la conspiration royale n'étoit pas moins évidente. Un parallèle entre la conduite des patriotes de la seconde assemblée nationale , et celle

des royalistes du dernier corps législatif, seroit piquant et curieux. En attendant qu'un historien philosophe le trace comme il mérite de l'être, nous allons en essayer l'esquisse.

Dès les premiers jours de la seconde assemblée, Chabot fait la motion pour qu'on retranche au roi les mots de Sire et de Majesté ; dans le commencement de la dernière session, Henri-Larivière, alors président, essaye d'habituer les oreilles de ses collègues à la dénomination de Monsieur ; pour beaucoup d'entr'eux la chose n'étoit pas difficile. Dans la seconde, Brissot et Grangeneuve dénoncent les conciliabules de la cour, le comité autrichien et les libelles royaux ; dans la dernière, Larue et Gomicourt s'élèvent avec force contre les clubs, les jacobins et la distribution des journaux patriotes aux armées. En 92, quelques orateurs demandent que les citoyens se rassemblent le soir dans leurs sections respectives, pour s'occuper d'affaires publiques ; en 97, un décret ordonne la clôture des cercles constitutionnels. En 92, Cambon propose de retrancher le salaire des prêtres ; en 97, Camille-Jordan réclame la restauration du culte catholique. Dénonçoit-on à la seconde assemblée quelques émeutes populaires, quelques violences exercées contre des magistrats soupçonnés de royalisme, quelques actes d'insubordination des soldats envers leurs chefs, les insurgés étoient toujours certains de trouver un grand nombre d'apologistes. Annonçoit-on dans la dernière que le sang des républicains avoit coulé, des députés de la ville où s'étoient commis l'attentat, se hâtoient de monter à la tribune, et d'en attester la fausseté. En 92, on proposa d'armer de piques les citoyens qui ne pouvoient se procurer des fusils, afin que les pauvres fussent, comme les riches, en état de conjurer la tyrannie; en 97, Pichegru présente un plan d'organisation pour la garde nationale, qui devoit en exclure tous les gens sans fortune. Dans la seconde assemblée, Lafayette, royaliste et fugitif, est défendu par Vaublanc et Dumolard; dans la dernière, Buonaparte vainqueur est attaqué par le même Dumolard. En 92, Brissot, Louvet, Condorcet invitent le peuple, par des feuilles, par des placards, des discours, à se délivrer du fardeau de la royauté; on offroit par-tout des pétitions à signer, provoquant la déchéance du roi ; en 97 , on colportoit dans les villes, dans les campagnes des mandemens pour inviter le peuple à redemander ses cloches, ses prêtres et son culte. La seconde assemblée ne pouvoit terminer sa session que par le renversement du trône ; la dernière, si on l'avoit laissé agir, n'eût été dissoute que par une séance royale.

Ce n'est point le succès d'une conspiration qui en prouve toujours la réalité, à moins qu'on ne prétende qu'Épicharis, que Pison, que Lucain, n'avoient point conjuré la perte de Néron, parce que ce monstre continua d'affliger la terre encore quelque temps après la mort de ces illustres patriotes ; à moins qu'on ne dise que le fanatique Damien n'a point voulu tuer Louis XV, parce que Louis XV a désolé la France, pour satisfaire à sa lubricité et au luxe de ses favorites, bien des années encore après cet inutile attentat.

Qu'on se reporte à la situation de la république, à l'époque des élections de l'an 5, et l'on verra si tout n'étoit point combiné avec un art admirable, pour assurer le triomphe de la royauté. L'esprit contre-révolutionnaire présidoit à tout ; il donnoit le ton à la mode ; il inspiroit les poëtes, les romanciers ; il régnoit sur les théâtres ; il dominoit dans les amusemens ; il falloit, pour obtenir quelque considération dans ce qu'on nommoit bonne société, n'y paroître qu'armé de quelques sarcasmes contre la république. On se rappelle ces conversions subites, cette foule de chrétiens nouveaux qu'on vit paroître tout-à-coup : le sanctuaire des temples étoit chaque jour pieusement foulé par des hommes qui jamais auparavant n'en avoient abordé le parvis. Les suffrages tomboient non sur ceux qui avoient fait preuve de talens, de connoissances politiques, mais au contraire sur ceux qui avoient montré, feinte ou réelle, une foi plus aveugle, une haine plus violente contre le peuple, un plus grand mépris pour la liberté. J'ai vu des royalistes à l'époque des élections, j'en ai vu après rayonnant de joie, regardant leur triomphe comme certain. Les patriotes eux-mêmes avoient perdu toute espérance ; ils ne comptoient plus se sauver que par un acte de désespoir. On parloit déjà d'une Vendée républicaine : ce nom qui rappelle tout ce que le fanatisme peut offrir de plus affreux, eût été embelli,

honoré , sanctifié par sa nouvelle accep-
tion.

Si on prétend que les conspirateurs
royaux ont été vains, imprudens, indis-
crets, qu'ils ont ruiné leur cause par trop
de précipitation , cette manière de voir
me paroîtra assez fondée. La jactance,
l'ostentation étoient chez eux l'effet d'une
folle confiance. Ils jugeoient le peuple
français d'après la noblesse des sallons. Ils
n'avoient point assez de philosophie pour
sentir que les moyens qu'ils employoient,
étoient usés ; que les superstitions qu'ils
vouloient rajeunir, que les sottises qu'ils
vouloient populariser, eussent fait moins
de dupes à la fin du dix-huitième siècle,
que les miracles du diacre Pâris n'en avoient
fait au milieu. Depuis 20 ans le catholi-
cisme étoit presque abattu ; il devoit en-
traîner la royauté dans sa chûte. Essayer
de rétablir une semblable religion chez un
peuple où les lumières ont élevé les uns
au-dessus de toutes les institutions créées
par la politique et l'imposture pour asservir les hommes ; où la conception , le penchant à une entière liberté de mœurs,
invitent les autres à rejetter toute espèce
de frein, c'est poser la statue de Nabu-

chodonosor sur des pieds d'argile. Quand j'ai vu mes concitoyens changer leurs temples en salles de spectacles et de danses, faire des feux de joie de la statue de leurs saints, mettre à l'épreuve des images regardées jusqu'alors comme miraculeuses (1), j'ai prédit que le papisme étoit pour toujours anéanti en France.

Jamais la France n'avoit offert un tableau aussi piquant, aussi bisarre, aussi propre à faire naître une foule de réflexions que celui qu'elle présenta quelques mois avant fructidor. Tout étoit devenu monarchique au sein de la république. C'étoit un mélange de frivolité et de barbarie, de libertinage et de piété hypocrite, dont aucun temps ne nous rappelle

---

(1) Le peuple a raisonné sur ce point comme le philosophe Diagoras Un homme qu'il regardoit comme un de ses amis, lui enlève un poëme, le lit au public, en est admiré : Diagoras eut beau se récrier contre la supercherie, on refuse de l'entendre. Il somme le plagiaire d'attester par serment, dans le temple de Jupiter, qu'il est l'auteur de l'ouvrage. Le hardi fourbe y courut. Diagoras s'attendoit que la foudre alloit écraser cet impie : il jure, et la fondre ne tombe pas. Diagoras se fit athée. Diagoras raisonnoit mal : si Dieu punissoit les méchans d'une manière miraculeuse, il n'y auroit personne qui osât l'être.

l'exemple. On ne parloit que de mœurs èt de religion au corps législatif; on ne parloit que mœurs et religion dans les belles sociétés ; nous ne savions plus que faire des livres d'oraisons , des homélies , et traduire des romans de l'anglais. Nos lycées étoient devenues des écoles de théologie mais au milieu de ce déluge de sermons , d'ouvrages mystiques , de conversions prônées par les journaux , d'un ton à faire rire tout homme de bon sens (1), qu'étoient nos mœurs, en réalité ; la ferveur religieuse y avoit-elle introduit la réforme? J'avois peine à le croire , lorsque je voyois ces théâtres si multipliés , ces fètes perpétuelles , ces jardins enchanteurs , qui avoient pris le nom et peut-être l'usage de ces bosquets délicieux que l'antiquité payenne consacroit à ses plus séduisans mystères. Jamais je n'avois vu contraste plus piquant : des conspirations sans cesse renaissantes , et des plaisirs jamais interrom-

---

(1) J'ai vu plusieurs journalistes présenter comme miraculeuse la conversion de M. de Laharpe : je ne me rappelle plus à quel évêque ils en rapportoient la gloire. J'ai entendu comparer ce petit rhéteur à Saint-Augustin, que Dieu , par une grace toute particulière , avoit aussi tiré du désordre et de l'incrédulité.

pus ; la haîne aiguisant ses poignards ;
la volupté prodiguant les jouissances, les
furies s'agitant à côté des grâces, Tysiphone
et Némésis suivant par-tout Vénus Des
hommes préludant l'embrâsement de leur
patrie, en contemplant des feux d'artifices;
des femmes n'employant la séduction de
leurs charmes que pour faire de fanatiques
prosélytes à la cause de leur roi (1) ; les
noms augustes de religion et de divinité pro-
noncés ou plutôt profanés dans les bou-
doirs ; le langage de madame de Chantal et
les mœurs de Ninon-de-Lenclos ; la pucelle
à côté de la bible, l'évangile avec l'aloysia,
des athées devenus chrétiens, mais en-
richis par leur conversion, qui trouvent
le Potosi au sein de la nouvelle église.

Quand je considérois ce bisarre composé
de folie et de méchanceté, de dévotion et
de débauche, d'églises et de théâtre, je
me rappelois Julien voulant rétablir le
culte des dieux, et n'osant, quoique empereur, renverser la nouvelle religion. On
passoit alors des bois de Daphné à des cel-
lulles d'anachorettes ; on voyoit une Vénus

____

(1) *A la cause de leur roi :* C'est toujours le langage
de la bonne compagnie ; on y parle d'après ce dogme
des monarchies, que le roi ne meurt jamais.

à côté d'une vierge, et un Jupiter à côté d'un christ.

Mais ce que les réformateurs royaux n'ont pas vu, c'est que cette métamorpose ne s'étoit point opérée chez le peuple ; qu'il n'étoit point la dupe des nouveaux dévots ; que leur conversion n'étoit pour lui qu'un sujet de plaisanterie, et qu'il n'étoit nullement disposé à sacrifier son repos à verser son sang pour de petits factieux sans caractère, qui avoient assez de talens pour faire beaucoup de mal à leur pays, mais qui n'avoient pas cette force de tête, cette vigueur de génie, nécessaires pour faire triompher leur sinistres projets.

Si le 18 fructidor, n'avoit donné une force nouvelle à la république, que seroit-il arrivé ? L'assassinat des patriotes, des acquéreurs de domaines nationaux, eût continué sans obstacles ; le gouvernement, sans finances et sans appui, eût été forcé d'accepter de l'ennemi les conditions les plus humiliantes ; eût-il voulu soutenir l'honneur du nom français, et pousser la guerre, nos armées, découragées par le défaut de solde, perverties par les libelles royaux qu'on commençoit à faire circuler dans leur sein, eussent perdu cette admirable énergie, qui depuis six années, les a conduit à la victoire ; la guerre civile se seroit organisée dans l'intérieur ; cent mille émigrés, avant six mois, eussent inondé la France ; ils y seroient rentrés, la rage et la vengeance dans le cœur. La Suisse, encore dévouée à nos ennemis, eût ouvert un passage au prétendant. Du lac de Genève à Lyon il n'y a qu'un pas à franchir, et l'on sait quel étoit l'esprit des habitans de cette ville. Un matin nous nous serions levés esclaves ; un matin, les premiers cris qui eussent frappé nos oreilles, eussent été les acclamations des royalistes triomphans. Les premiers spectacles qui eussent frappé nos yeux eussent été des gibets, des échafauds, des cours de justice royale. Cette journée fut indispensable, elle sauva la France ; elle épargna la vie à plus d'un million d'hommes, et une servitude peut-être éternelle à tous les français (1). La nécessité,

____

(1) It was the necessity of the times only that made the apology of those extraneous measures in Frence. But who was it that produced the necessity of extraneous measures in Frence? A faction and that in face of prosperity and sucess. Its conduct is Without apology : and it is on the faction only that the extraneous measure bas fallen. (*Letter of Thomas Payne.*)

dit un de nos plus célèbres publicistes, peut seul excuser les mesures extrêmes ; cette nécessité les commandoit-elle à l'époque que nous avons en vue? Il falloit renverser une faction liberticide. Les mesures extrêmes qu'on a déployées n'ont pas besoin d'apologie, si cette faction seule en a été frappée.

Cette journée, quoique salutaire, quoiqu'indispensable, a cependant fait gémir les vrais amis de la liberté Puisse ma patrie n'être jamais réduite à employer de nouveau de semblables moyens. Puisse-t-elle ne plus offrir le scandaleux spectacle de citoyens vendus aux intérêts de l'étranger, de mandataires du peuple conspirant contre le peuple. Nous avons déjà vu plusieurs assemblées présenter différens caractères, mais la trahison, l'incivisme ne se sont évidemment manifestés que dans le corps législatif de l'an 5. Celle qui posa les premières bases de notre indépendance énonça de grands principes dont elle n'osa suivre toutes les conséquences. Elle fut timide ; mais elle ne fut point criminelle. Elle commit de grandes fautes ; mais elle donna une grande impulsion au peuple français. Elle n'osa renverser la monarchie, et cependant elle prépara la république. La seconde développa le patriotisme le plus énergique, et un courage qui approchoit de la témérité. L'éloquence républicaine de ses orateurs ranima l'enthousiasme, éleva l'esprit national à la hauteur des dangers. Elle brisa le trône, et sut en un instant nous rendre capables d'applaudir à cet acte sublime auquel nous n'étions pas préparés. La convention offrit toutes les scènes de grandes vertus et de grands excès, un patriotisme sans bornes à côté d'un despotisme révoltant. Il est bien des membres de cette assemblée à qui l'on peut reprocher des crimes, des fureurs; mais il n'en est point que l'on puisse accuser d'avoir trahi la patrie, aucun qui, investi d'une autorité proconsulaire, s'en soit servi pour favoriser l'ennemi de la république.

Je crois que la nécessité du 18 fructidor a été suffisamment démontrée aux yeux de tous les hommes de bonne foi. Mais cette journée, ses suites, ses conséquences invitent l'ami de la liberté a de sérieuses méditations. Veut-on éviter que de semblables catastrophes se renouvellent? qu'on s'attache à créer un esprit public, qu'on ne laissé pas le peuple sans morale, et la génération naissante sans instruction. Tant que les lumières n'auront pas vaincu les habitudes et les préjugés monarchiques, les partisans de la royauté conserveront un funeste ascendant. On n'a point su profiter des jours les plus heureux de la révolution. On n'a point su prolonger cet sublime enthousiasme qui promettoit le plus bel avenir. Il ne faut point se rappeler les fautes du passé pour se créer des motifs de haine, d'animosité, de ressentiment; mais pour s'éclairer sur les moyens de les faire pardonner. Nous avons fourni un ample texte aux reproches de nos ennemis. Les circonstances ont été terribles, difficiles ; le malheur des temps nous excusera aux yeux de la postérité; mais travaillons à mériter, par nos vertus, l'estime et l'affection de nos contemporains. On voyoit, dans un temple de l'île de Chio, une statue si artistement construite, qu'au premier abord son aspect sembloit terrible ; s'approchoit-on du sanctuaire, ses traits s'adoucissoient et elle paroissoit ensuite d'une beauté ravissante. Que ce tableau convienne à nôtre république, que la figure terrible et menaçante soit le symbole du passé, et la

sérénité, la douce majesté, celui de l'a-
venir.

Je ne dois mettre dans cet écrit ni ai-
greur, ni emportement; ce n'est point à
Richer-Sérizy que je m'adresse; c'est à mes
concitoyens. Je m'entretiens avec eux de
nos intérêts les plus chers; je leur rappelle nos périls passés; je porte leurs regards sur un avenir plus doux et plus con-
solant.

C'est avec un sentiment pénible que je
reviens sur de tristes époques; mais je
crois du devoir d'un républicain d'empêcher qu'on ne présente sous un faux aspect
des évènemens qui ont sauvé la république.
J'aspire de tout mon cœur après des temps
où le souvenir de nos malheurs et de
nos dissensions aura fait place aux sen-
timents de fraternité de paix et de concorde. La haîne est pénible; elle l'est sur-
tout quand ceux qui en sont les objets,
sont nés sous le même ciel, ont été les
compagnons de notre enfance, étoient
destinés à demeurer avec nous dans une
entière communanté de biens et de maux.
Au milieu de ces passions ardentes, que
font naître les grandes révolutions, la sensibilité, la bienveillance, s'éteignent; mais

ce n'est heureusement que pour un temps très-court. Dieu , dans sa bonté a voulu que nos cœurs fussent continuellement ouverts à l'amour, à l'amitié , à la compassion , et que les sentimens haîneux n'eussent chez nous qu'un accès passager.

Je ne parlerai point aux royalistes foibles et aveugles , en ennemi. Je ne regarde comme tels que ces chefs de sectes, que ces audacieux qui les entretiennent dans de folles espérances. Mais je dirai aux premiers : vos tentatives sont inutiles. Des hommes timides, des jeunes gens que vos préjugés retiendront dans une perpétuelle enfance, feront-ils ce que n'ont pu tous les rois conjurés. Tous les efforts qui ont été déployés contre nous n'ont tendu qu'à notre élévation et à notre gloire. L'Europe presqu'entière se coalise, et cette lutte sert à développer notre courage. Sans elle, nous douterions encore de l'étendue de nos moyens. Sans elle, l'Italie ne seroit point libre ; le batave gémiroit encore sous la verge d'un magistrat usurpateur ; la patrie d'Homère, cette terre si féconde en merveilles, ne seroit point affranchie, après tant de siècles de servitude, par un peuple admirateur de tout ce que la nature a fait de beau, de grand, de sublime ; les rochers de l'Helvétie seroient encore dominés par d'orgueilleux patriciens. De nouvelles tentatives contre la patrie ne tourneroient qu'à votre ruine. Elles feroient naître de nouvelles proscriptions. Sachez vous épargner ce malheur ; sachez nous l'épargner à nous-mêmes. Il nous seroit bien plus doux de compter de nouveaux amis, que d'avoir à frapper des ennemis. Que souhaitez-vous, la paix ? la république vous l'offre. La jouissance tranquille de vos propriétés, le gouvernement vous l'assure ; les plaisirs, les agrémens de la vie : qui vous empêche de vous les procurer ? La terreur assiège-t-elle vos asyles ; la mort vous enlève-t-elle chaque jour quelqu'être qui vous soit cher ; votre existence est-elle menacée, c'est ce qu'il vous seroit impossible de dire. Que la voix de la raison, que vos propres intérêts vous engagent enfin à préférer des biens réels à des projets sinistres que vous ne pouvez réaliser. Faites-nous jouir du bonheur qu'inspire la confiance, l'amitié, la sécurité. Quelle solemnité sublime, touchante que celle qui réuniroit tous les français. Quel

beau jour que celui où tous les voix n'a-
dresseroient au ciel que les mêmes vœux ,
où nos yeux ne rencontreroient point un
ennemi. N'empoisonnez pas les cœurs de
vos enfans par l'odieux sentiment de la
haine. Au milieu de ce passage terrible de
la monarchie à la république , vous avez
pu essuyer des violences , des injustices ,
ne cherchez point à punir la patrie des
fautes de quelques hommes. Ne nous croi-
riez-vous pas avec raison iniques et cruels
si nous faisons tomber sur vous tous le
châtiment que quelques-uns d'entre vous
ont mérité. Ne laissez point d'héritiers ,
de légataires de vos ressentimens. Vos enfans trouveront en nous des frères ; ils
trouveront tous les moyens de satisfaire
une louable ambition. Quel régime offre
plus de chances favorables au vrai talent,
au mérite réel que le gouvernement républicain. Vous ne resterez point en ennemis, en étrangers au sein d'une patrie qui
doit s'élever à de si hautes destinées. Songez si ces rois que vous regrettez tant , peuvent justifier votre aveugle affection. Voyez
leur conduite envers ceux de vos amis
qui ont eu le malheur d'abandonner leur
terre natale. Voyez des milliers d'entre eux

écrasés sous les rochers de Quiberon , par les soldats même du prince qu'ils servoient contre leur pays. Pensez à des milliers d'autres jetés dans ces climats affreux , le tartare des vivans , le tombeau de la nature. Songez aux victimes que les despotes immolent à leur sûreté. Tournez vos regards vers l'Irlande. Contemplez si vous le pouvez sans frémir , les exécutions atroces dont cette terre malheureuse est chaque jour le théâtre. Retracez-vous des satellites ivres de sang et de fureur , ne respectant ni le sexe , ni l'âge , ni la beauté , ni la pudeur. Voyez les maisons embrâsées , les échafauds dressés , les uns massacrés comme insurgens , les autres comme partisans ou amis des insurgés. Des enfans livrés à la torture , et ensuite à la mort, pour avoir porté avec vénération la sainte image d'un martyr de la liberté. Voyez O-Cogley mourant , prenant le ciel à témoin de son innocence ; Fitzgérald acquitté par la voix unanime des jurés , saisi de nouveau en dépit de toutes les loix , périssant par le poison : son intéressante épouse ne pouvant trouver un asyle , abandonnée , dans un état qui inspire du respect et de la compassion

aux peuples, même les plus barbares (1).
Pourquoi tous ces crimes, toutes ces
fureurs, pour qu'un ministre règne paisi-
blement au nom d'un prince imbécile.
Dieux ! c'est pour l'intérêt d'un seul homme, c'est pour satisfaire à sa féroce ambition, qu'un vaste pays n'offrira plus
bientôt qu'un désert. Français ! à qui des
préjugés, des souvenirs font regretter un
ordre de choses qui ne peut plus jamais
exister dans votre pays, renoncez à vos
erreurs et à vos espérances. Le bonheur,
ce n'est point dans de nouvelles convul-
sions, dans de nouveaux renversemens,
que vous le trouverez. C'est en vous unis-
sant à nous, en n'ayant plus d'autres
intérêts que les nôtres, en élevant vos enfans pour la patrie et pour la liberté.

Ces vœux que je forme dans toute l'ef-
fusion de mon ame, seront peut-être pour
les uns, un sujet de raillerie ; pour les
autres, un objet de dédain. Quelqu'effet
qu'ils produisent, j'aurai satisfait au penchant de mon cœur ; j'aurai été l'inter-

---

(1) Miladi Fitgérald étant prête d'accoucher, ne
put trouver de femme qui lui prêtât son secours. Le
ministère anglais a inspiré tant de terreur, qu'on
n'ose rendre aucun service aux amis de la liberté.

prête des plus purs et des plus ardens amis de la république. Quel est l'homme sensible qui, après tant de calamités et d'orages, après tant de crimes et de fureurs, ne se livre pas avec transport aux doux charmes de l'espérance. Ces malheurs, ce n'est cependant point à la liberté qu'il faut les attribuer ; mais à ceux qui ont voulu l'empêcher de naître, ou qui l'ont voulu détruire. Ne sont-ce pas les ennemis de notre indépendance qui ont provoqué la ligue des rois ? Ne sont-ce pas eux qui ont allumé les feux de la guerre civile dans nos plus belles contrées ? Ne sont-ce pas eux qui travaillent encore à renouer une coalition nouvelle ? Vains efforts ! crimes inutiles ! la France a vaincu ; elle vaincra encore. Mais providence éternelle, épargne le sang de ses enfans ; fais descendre au milieu de nous un esprit de paix et de concorde ; ne permets plus, sur-tout, que le citoyen soit l'ennemi du citoyen ; qu'un français méconnoisse les lois saintes de la patrie ; qu'il appelle sur nos rivages l'avide et barbare étranger ; qu'il se réjouisse en voyant des cités embrâsées, en portant le carnage et la désolation dans le pays qui l'a vu naître. Si quelqu'ambitieux médite encore d'asservir la France, d'anéantir ses institutions, de lui redonner un maître, que l'inquiétude et la terreur s'attachent à tous ses pas ; qu'il rencontre par-tout un ennemi, un conjuré ; qu'il entende, dans le silence des nuits, cette voix terrible qu'un spectre sanglant fait entendre à l'assassin de Macbeth : *tu ne dormiras plus*.

De tristes idées m'obsédoient en commençant cet écrit, je les ai écartées, mais je ne me suis point éloigné du but que je me proposois ; je n'ai plus songé à l'adversaire que j'avois à combattre, mais à la patrie et à la liberté. Quel mal peuvent faire à la république les injures et les sarcasmes d'un ennemi foible et impuissant ? tout ce qu'il lui importe, c'est que ses citoyens soient éclairés sur leurs droits et leurs devoirs ; qu'ils ayent la conscience de leur grandeur et de leur véritable dignité. C'est vers ce noble but que tous les écrivains doivent diriger leurs efforts ; leurs talens appartiennent à la patrie, à l'humanité. Éclairer ses semblables, travailler à les rendre meilleurs, réveiller dans leur ame, les sentimens de bienveillance ; tels sont les moyens d'arriver à la véritable gloire. La postérité honore moins les hommes célèbres qui l'ont

précédée par leurs talens, que par le bon
et utile emploi qu'ils en ont fait. Malheur
à celui qui se prostitue à flatter la tyrannie, à encenser le vice puissant ! il pourra
couler ses jours au sein de l'op lence, mais
il aura cessé de vivre, long-temps même
avant de mourir.

J'accuse le silence de tant d'hommes
capables de servir la liberté ; j'accuse l'indifférence de ces écrivains qui s'exercent
sur les sujets les plus frivoles, tandis que
notre pays offre tant de merveilles à célébrer. Nos guerres, nos victoires, nos in-
concevables triomphes ont exercé les muses
même des pays ennemis, et il se trouve à
peine en France, un poëte qui se soit at-
taché à les célébrer. Sous la monarchie,
un roi, ou ses généraux, s'étoient-il signalés
par le plus foible exploit, tous les lycées,
toutes les académies retentissoient de leurs
louanges. Si les anglois avoient acquis la
centième partie de notre gloire, que de
trophées, que d'inscriptions, que de
poëmes en retraceroient le souvenir.

Quelle agréable tâche à remplir cependant que celle de ranimer dans l'esprit de
sa nation, l'amour de la gloire, et le zèle
patriotique, de fixer l'opinion, long temps

égarée par les factions , que de calmer les haînes et les ressentimens , que d'adoucir des cœurs aigris ; cet emploi du talent n'est-il pas plus honorable que celui de flatter des préjugés , de rappeler de funestes souvenirs.

Aucun pays, soit dans les temps anciens, soit dans les temps modernes, ne s'est trouvé dans une situation aussi favorable que la France, pour maintenir sa liberté. Les grecs et les romains avoient des esclaves, les français n'ont que des alliés. Les dominateurs du Capitole détruisoient l'indépandance , par-tout où ils la trouvoient établie ; les françois anéantissent l'esclavage par-tout où ils portent leurs armes victorieuses. Quand Rome étoit au faîte de la prospérité, le monde entier étoit malheureux , avili ; les vainqueurs étoient sans humanité, et les vaincus sans lumières. Aujourd'hui , l'ambition , la soif du pouvoir peuvent faire commettre de grands crimes ; mais les tyrans ne tardent point à être jugés ; l'ignorance, leur plus puissante auxiliaire , se dissipe chaque jour, il n'y aura plus bientôt un coin de l'Europe où l'autorité puisse impunément se jouer des droits des hommes.

Nous avons porté la valeur militaire au

plus haut dégré. Cette valeur est nécessaire à un peuple pour conserver son indépendance. Nous sommes sans-doute beaucoup moins avancé du côté des vertus civiles ; le courage, l'intrépidité, naissent facilement chez une nation ardente, vive, enthousiaste ; mais savoir préférer ses devoirs aux richesses, aux plaisirs ; savoir tempérer par les principes de l'égalité républicaine, ce penchant naturel qui nous porte à la domination, monter aux emplois brillans, sans les avoir enviés, et en descendre sans peine et sans regret, ce sont des qualités que nous souhaitons, que nous estimons beaucoup dans les autres, mais dont peu de nous sont réellement capables.

Le législateur comme le moraliste ne peut songer qu'à diriger les passions humaines, et non à les anéantir. Ses loix doivent avoir pour base le génie, le caractère, les goûts du peuple, dont les destinées lui sont confiées. Il existe en France d'immenses moyens de prospérité, de grandeur ; il ne faut qu'en savoir tirer parti. Nous ne devons être ni Athéniens, ni Spartiates. La nation qui pourroit donner des loix au monde, si elle le vouloit, ne doit pas se condamner à copier des modèles.

Législateurs, premiers magistrats de la grande nation, il vous reste une immense et glorieuse carrière à remplir. Ceux qui vous ont devancé, ont parcouru ces temps orageux où, avec la vertu et l'amour du bien, il étoit souvent difficile d'empêcher le mal. Alors, les passions imposoient silence à la timide sagesse, et la sagesse seule n'eût point fait ce que les grandes passions ont opéré. Dans ces temps, on avoit à craindre l'exaltation, un zèle pur, mais peu éclairé. Aujourd'hui, nous avons l'indifférence et le froid égoïsme à redouter. Avec l'enthousiasme on commet bien des fautes; mais on obtient aussi bien des prodiges. Ce peuple que vous avez vu si énergique au milieu des dangers, si sensible à la gloire, si ardent pour le bonheur de son pays, n'a point perdu ces heureuses qualités. Une législation douce, des lumières, des encouragemens à la vertu, une sévérité inexorable contre les méchans, lui rendront ce patriotisme que le génie des factions, que les discordes ont détourné de son véritable but. Un état composé de quelques milliers d'hommes, peut perdre sa liberté sans que le bonheur des nations voisines en souffre aucune altération ; mais

le français ne peut cesser d'être libre sans
que la servitude éternelle de l'Europe n'en
soit le triste résultat ; il ne cessera jamais de l'être. Son exemple sera un objet
d'instruction pour les siècles futurs comme
il est, pour les contemporains, un objet
d'admiration.

Je n'ose me flatter que ce foible écrit
fasse quelque impression. Il en feroit,
si mon esprit servoit mieux mon cœur.
J'ai retracé le tableau d'une époque si-
gnalée par la chûte de quelques hommes,
dont la haîne contre la république m'étoit
évidemment démontrée. Je les attaquois
avec force quand ils étoient puissans ;
ils sont abattus, ils sont frappés, le coupable malheureux n'est plus qu'un être
à plaindre.

J'ai parlé de paix, de bienveillance, de
concorde, que ma voix n'est-elle assez élo-
quente pour être entendue ? Si mes efforts
sont impuissans, j'aurai du moins la con-
solation de n'avoir rien fait qui soulève
contre moi le cri de ma conscience. Per-
suader, toucher, émouvoir, sont des
talens que la nature n'accorde qu'à un

petit nombre d'êtres ; s'efforcer d'être utile , employer toutes ses facultés au bonheur de ses semblables , c'est un devoir que la divinité nous prescrit à tous.

A PARIS, de l'imprimerie du Journal des campagnes et des Armées, rue de Varennes, No. 650, F. G.

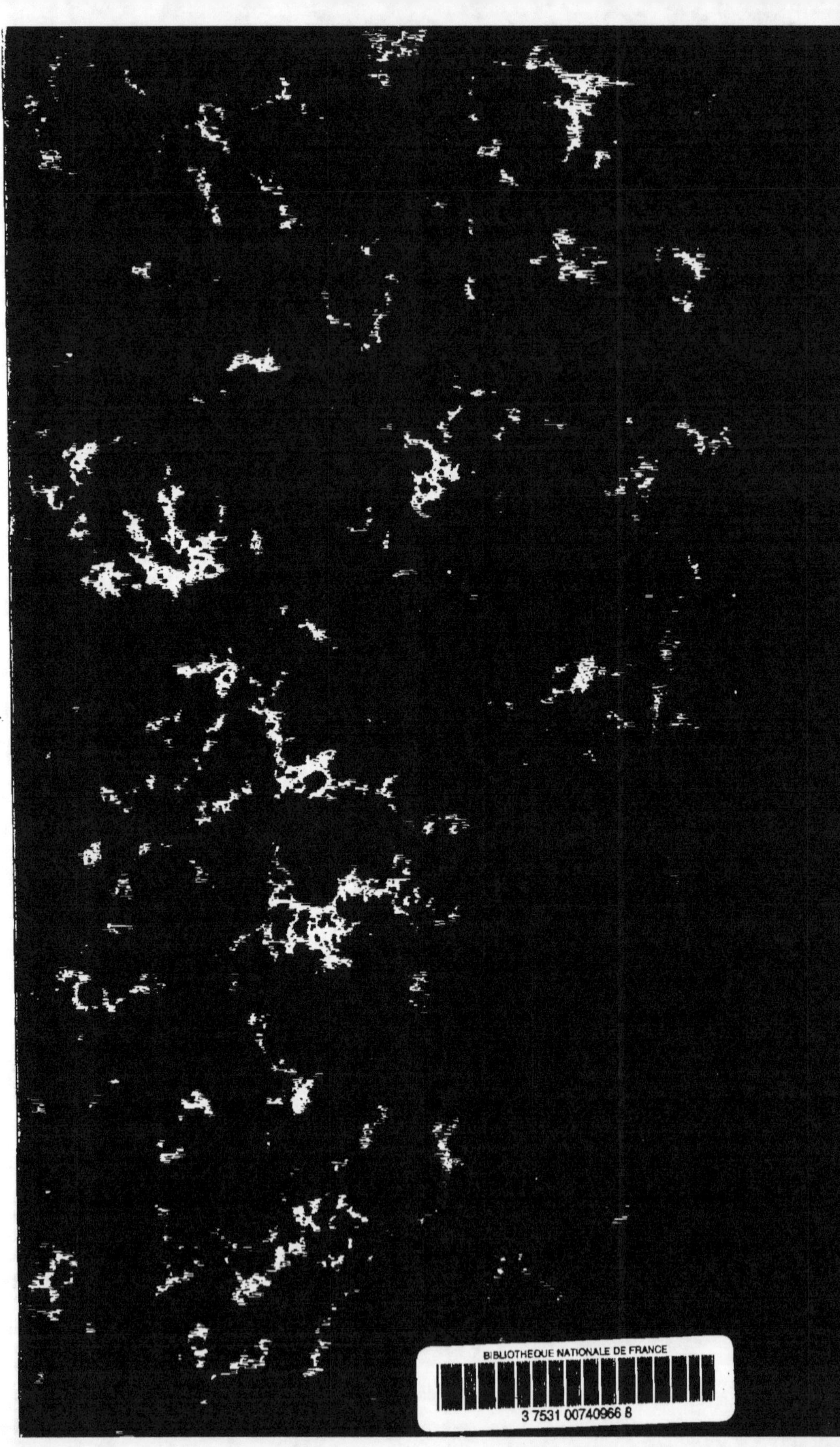